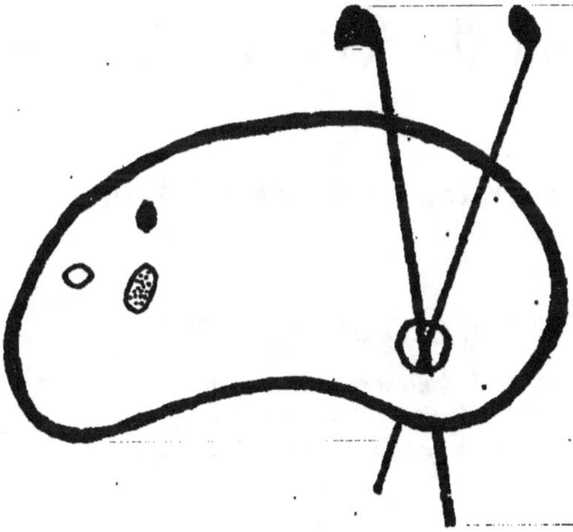

DEBUT D'UNE SERIE DE DOCUMENTS
EN COULEUR

SCIENCE ET RELIGION
Études pour le temps présent

LA
FAUSSE SCIENCE CONTEMPORAINE

ET

LES MYSTÈRES D'OUTRE-TOMBE

PAR

Le R. P. Th. ORTOLAN, O. M. I.

Docteur en Théologie et en Droit Canonique,
Lauréat de l'Institut catholique de Paris,
Membre de l'Académie de saint Raymond de Pennafort.

PARIS
LIBRAIRIE BLOUD ET BARRAL
4, RUE MADAME ET RUE DE RENNES, 59
1893

SCIENCE ET RELIGION

Études pour le temps présent

Collection de vol. in-12 de 64 pages *compactes*.

Prix : O fr. OO le vol.

Les lecteurs curieux de grandes vérités de la foi déploraient l'absence de vulgarisation de science religieuse. **LES ÉTUDES POUR LE TEMPS PRÉSENT** répondent donc à un désir et comblent une lacune. Ainsi en ont jugé unanimement les Revues et les journaux les plus importants de la presse catholique. De ces nombreux et si flatteurs témoignages nous ne citerons que le suivant, extrait du journal *l'Univers*, dû à la plume d'un juge des plus compétents, M. Louis Robert :

« Aujourd'hui, en notre siècle de vapeur, d'électricité, on veut savoir
« tout et lire peu, toute la vie est pleine et fiévreuse ! C'est ce qui explique
« la vogue de la Revue et du Journal. Cependant ces deux organes de la
« pensée moderne sont insuffisants pour embrasser une question dans la
« complexité de ses aspects. Le livre est toujours nécessaire ; mais nous
« pensons, à part les moines et le clergé des campagnes, que le respectable
« in-4° et le majestueux in-folio ont fait leur temps pour le grand public.
« Il fallait donc condenser en un volume de poche les questions qui tour-
« mentent l'âme contemporaine. C'est ce que certains éditeurs ont très
« heureusement compris, notamment MM. Bloud et Barral, dont les édi-
« tions ont déjà tant rendu de services signalés à la cause religieuse.

« Sous le titre de *Science et Religion*, collection de volumes in-12 de
« 64 p° compactes, ils ont entrepris, avec un plein succès, de démontrer
« par des plumes des plus autorisées « *l'accord entre les résultats de la
« science moderne et les affirmations de la foi.* » Chaque sujet est trai-
« té, non plus d'après la méthode apologétique, qui actuellement est sus-
« pecté aux incrédules, même aux indifférents. C'est avec la plus rigoureuse
« méthode scientifique — mais mise à la portée de tous les esprits quelque
« peu cultivés — que sont exposées les *Nouvelles Études philosophiques,
« scientifiques et religieuses* de cette opportune et très intéressante col-
« lection.

« Le nom de l'auteur de chacune d'elles est une recommandation. »

(Journal l'Univers.)

Voici une seconde liste des ouvrages parus ou à paraître incessamment :

— **L'Apologétique historique au XIX° siècle. — La Critique religieuse de Renan.** (*Les précurseurs — La vie de Jésus — Les adver-
saires — Les résultats*) par l'abbé Ch. Denis, directeur des *Annales
de philosophie chrétienne.*   1 vol.

— **Nature et Histoire de la liberté de conscience,** par M. l'abbé
Canet, docteur en philosophie et ès-lettres de l'Université de Louvain,
ancien professeur de théologie dogmatique au grand séminaire de Lyon.
                                                              1 vol.

— **L'Animal raisonnable et l'Animal tout court**, *étude de psychologie comparée*, par C. DE KIRWAN. 1 vol.

— **La Conception catholique de l'Enfer**, par M. BRÉMOND, docteur en théologie, professeur de dogme au grand séminaire de Digne. 1 vol.

— **L'Église russe**, par J.-L. GONDAL, professeur d'apologétique et d'histoire au grand séminaire Saint-Sulpice. 1 vol.

— **La Fausse Science contemporaine et les Mystères d'Outre-tombe**, par le R. P. Th. ORTOLAN, O. M. I. 1 vol.

— *Du même auteur :* **Vie et Matière ou Matérialisme et Spiritualisme en présence de la Cristallogénie.** 1 vol.

— *Du même auteur :* **Matérialistes et Musiciens.** 1 vol.

— **Le Mal**, sa nature, son origine, sa réparation. *Aperçu philosophique et religieux*, par l'abbé M. CONSTANT, docteur en théologie, lauréat de l'Institut catholique de Paris. 1 vol.

— **Dieu auteur de la vie** par M. l'abbé THOMAS, vicaire général de Verdun. 1 vol.

— *Du même auteur :* **La Fin du monde d'après la foi et la science.** 1 vol.

— **L'Attitude du catholique devant la Science**, par G. FONSEGRIVE, directeur de la *Quinzaine*. 1 vol.

— *Du même auteur :* **Le Catholicisme et la Religion de l'Esprit**, 1 vol.

— **Du Doute à la Foi**, le besoin, les raisons, les moyens, les devoirs, la possibilité de croire, par le R. P. TOURNEBIZE, S. J. 1 vol.

— **La Synagogue moderne**, sa doctrine et son culte, par A. F. SAUBIN. 1 vol.

— **Évolution et Immutabilité de la doctrine religieuse dans l'Église**, par M. PRUNIER, supérieur du g⸱ séminaire de Séez. 1 vol.

— **La Religion spirite**, son dogme, sa morale et ses pratiques, par ⸱ BERTRAND. 1 vol.

— **L'Hypnotisme franc et l'Hypnotisme vrai**, par le docteur HÉLOT, auteur de *Névroses et Possessions diaboliques*. 1 vol.

— **Convenance scientifique de l'Incarnation**, par Pierre COURBET, ancien élève de l'École polytechnique. 1 vol.

— **L'Église et le Travail manuel**, par M. l'abbé SABATIÉ, du clergé de Paris, docteur en droit canon. 1 vol.

— **L'Inquisition**, son rôle religieux, politique et social, par G. ROMAIN, auteur de : *L'Église et la Liberté*. 1 vol.

— **Unité de l'espèce humaine** *prouvée par la Similarité des conceptions et des créations de l'homme*, par le marquis de NADAILLAC. 1 vol.

— **Le Socialisme contemporain et la Propriété.** — *Aperçu historique*, par M. Gabriel ARDANT auteur de la *Question agraire*. 1 vol.

— **Pourquoi le Roman immoral est-il à la mode et pourquoi le Roman moral n'est-il pas à la mode ?** *Étude sociale et littéraire*, par J. d'AZAMBUJA. 1 vol.

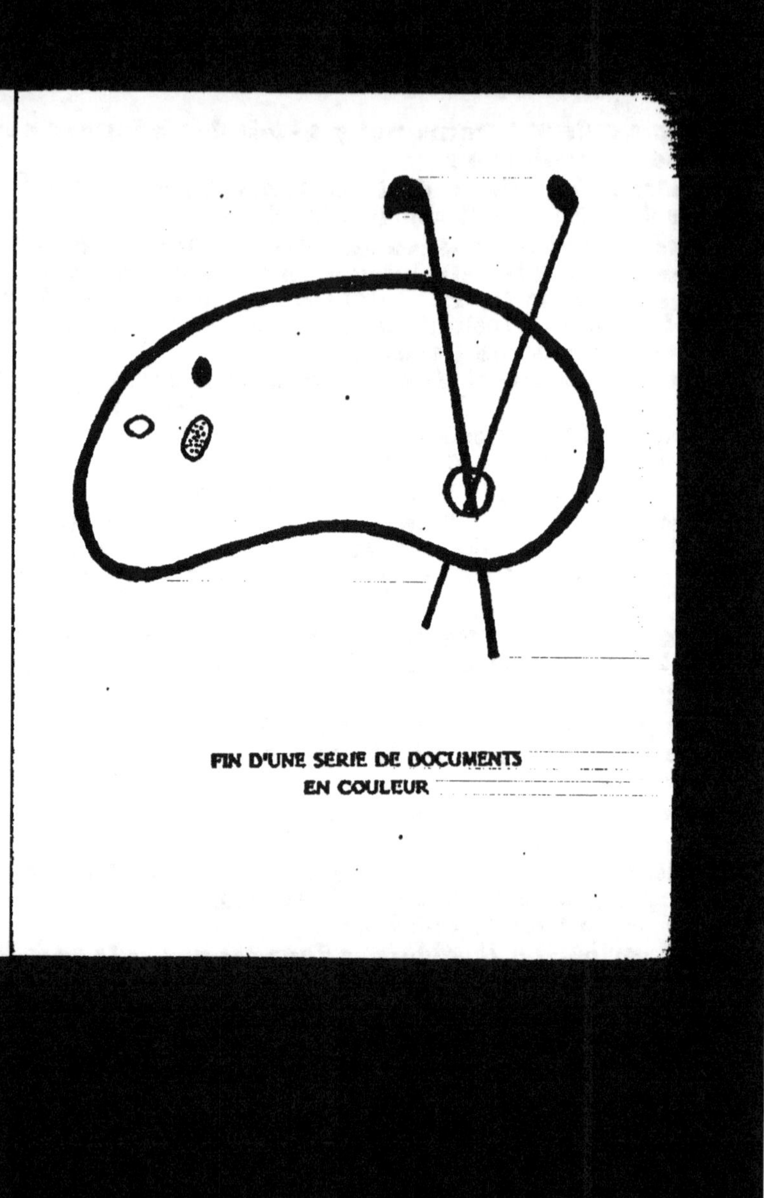

FIN D'UNE SÉRIE DE DOCUMENTS
EN COULEUR

LA

FAUSSE SCIENCE CONTEMPORAINE

ET

LES MYSTÈRES D'OUTRE-TOMBE

PAR

Le R. P. Th. ORTOLAN, O. M. I.

*Docteur en Théologie et en Droit Canonique,
Lauréat de l'Institut catholique de Paris,
Membre de l'Académie de saint Raymond de Pennafort.*

CHAPITRE I

LE GRAND PROBLÈME

I

Cruelles incertitudes.

La tombe ! quelle énigme !...

Pleine de souvenirs et de mystères, conservant les restes glacés de personnes chéries et toujours regrettées, posant à la raison des questions formidables, elle attire invinciblement le regard et captive l'attention.

On a beau vouloir en chasser la pensée et en fuir l'aspect troublant ; on la rencontre néanmoins à tous les détours du chemin de la vie.

Ce fantôme nous poursuit, et il faut bien, de gré ou de force, se résoudre à le fixer en face et à l'interroger.

Où sont les morts ? qui nous le dira ?

> « ...O tombe,
> Que fais-tu de ce qui tombe
> Dans ton gouffre ouvert toujours ?... »

Mais ce sphinx impénétrable et silencieux garde son secret avec un soin jaloux.

Nous adresserons-nous à la Philosophie pour le connaître ? Les philosophes hésitent, ou ne sont pas d'accord. Appellerons-nous la Science à notre secours ? La vraie Science est muette sur ce point, et confesse son ignorance absolue.

Seul le Dieu créateur de l'homme sait ce que devient l'homme saisi par la mort. La Foi seule illumine les ténèbres profondes du sépulcre, et ranime les espérances. Seule la Religion révélée peut calmer nos inquiétudes et relever nos cœurs abattus, car nulle autre n'a le droit de nous dire :

> « ...Fleur plaintive,
> De chaque âme qui m'arrive
> Je fais un ange du ciel !... »

Ah ! de grâce ! ne ravissez pas aux malheureux brisés par la souffrance cette suprême consolation. Que leur donneriez-vous, à sa place, dans les irrémédiables douleurs ?

II

Les solutions pseudo-scientifiques.

Pourquoi la fausse Science contemporaine n'a-t-elle pas imité la sage réserve de la vraie Science ? Pourquoi se flatte-t-elle, sans en avoir la puissance, de résoudre ces redoutables problèmes que les savants eux-mêmes n'osent point aborder ?

Pourquoi veut-elle spéculer sur la curiosité maladive des pauvres humains ?

Certes, malgré son dédain apparent pour tout ce qui sort du domaine positif des choses sensibles et tangibles, notre société, plus que toute autre, s'est passionnée pour les questions se rattachant à la vie à venir.

L'inconnu conserve toujours, et plus que jamais, son charme fascinant. On serait si désireux de soulever, pour peu que ce fût, ce voile nous cachant tant de mystères ! et la Nature s'obstine à le maintenir devant nos yeux !...

Aussi les théories les plus invraisemblables et les plus extravagantes sont-elles accueillies avec ardeur, parfois même avec enthousiasme.

Le cœur est ému en présence des perspectives séduisantes entr'ouvertes devant lui ; et l'on ne s'aperçoit pas que la raison n'est pas satisfaite. On accepte les affirmations les plus audacieuses et les plus téméraires, sans demander la moindre garantie.

Pour des questions de cette importance les preuves semblent de trop. Qu'un système plaise : cela suffît. N'exigez pas davantage. Ce que réclame le malheureux, après avoir souffert, ce n'est pas d'être instruit : c'est d'être consolé !...

On a peine à concevoir jusqu'à quel point va la crédulité aveugle chez les soi-disant incrédules, sceptiques ou athées ! Elle n'est dépassée que par la naïveté candide de certains lecteurs, toujours prêts à recevoir, comme dogmes scientifiques incontestables, les rêveries les plus chimériques de l'imagination égarée.

Le peuple est fait pour être trompé, dit-on parfois ; sous ce rapport beaucoup de gens appartiennent au peuple.

Mais il est du devoir des apologistes de combattre l'erreur partout où elle se trouve. Ils ont l'obligation d'écarter les âmes de ces doctrines fausses et dangereuses : elles les charmeraient un instant, et les perdraient pour toujours.

Dans cet opuscule nous nous proposons de montrer en quoi consistent ces systèmes modernes de cosmogonie et d'eschatologie philosophico-scientifiques, ou, du moins, prétendus tels.

Nous serons aussi exact que possible dans notre exposé. Cependant, comme il serait trop long de parler de tous (un gros volume n'y suffirait pas,) nous nous bornerons à examiner en détail celui qui paraît le mieux les résumer.

Quand la lumière sera complète sur l'un d'eux, il ne sera pas besoin d'interminables discours pour dévoiler les erreurs contenues dans les autres.

Ces systèmes, en effet, se ressemblent beaucoup, et ont, entre eux, des liens d'étroite parenté. Ils se réduisent tous à de poétiques utopies sur la vie future, rêveries chimériques, fruits d'une imagination sans frein.

Proposés sans l'ombre d'une preuve ; en opposition le plus souvent, non seulement avec la Science, mais avec la logique la plus élémentaire, dont les lois fondamentales sont violées ouvertement ; ils ne mériteraient pas grande attention, s'ils ne heurtaient de front nos dogmes chrétiens, et n'avaient pour but, secret ou avoué, de détourner les foules des enseignements de la Foi.

III

Les vulgarisateurs pseudo-philosophes.
et pseudo-théologiens.

Notre choix s'est arrêté sur la théosophie de M. Figuier, justement appelée la *religion du Soleil*.

Comme nous aurons de sévères critiques à formuler contre ce système, il ne sera pas déplacé de dire d'abord les mérites de son auteur. Il nous sera plus facile d'apprécier ainsi l'immensité des abimes dans lesquels se précipite la raison humaine, lorsqu'elle est assez imprudente pour s'abandonner aux caprices de l'imagination.

Les écarts sont alors d'autant plus périlleux, qu'elle se persuade toujours suivre encore la voie lumineuse de la Science, alors qu'elle erre depuis longtemps dans des chemins détournés.

Comme vulgarisateur, M. Figuier est généralement connu. En ce genre, il a été l'un des écrivains les plus féconds de notre époque. Il a voulu instruire sans fatiguer, en dépouillant la Science des formules arides, pour développer de préférence les parties plus attrayantes, utiles, ou curieuses, en un mot, plus accessibles à la masse des lecteurs.

Dans ce but, il a publié une quarantaine de volumes, à l'usage de la jeunesse et des gens du monde.

Écrire ainsi sur les Sciences et sur leurs applications dans les Arts, dans l'Industrie et dans les habitudes de la vie privée, est assurément très louable. Mais s'il est bon de chercher à répandre de tout côté des clartés bienfaisantes, les vulgarisateurs, en s'attribuant cette mission dans la société, ne la remplissent pas toujours d'une façon digne d'éloges à tous égards.

Certaines connaissances, d'abord, sont par essence d'un caractère tellement abstrait qu'il est presque impossible de les vulgariser, en les simplifiant, sans les dénaturer.

On sème, alors, bien des idées fausses à côté de quelques lambeaux de vérité. On vulgarise, mais au détriment de la Science.

Surtout si le désir de produire beaucoup pousse à composer ces ouvrages avec trop de hâte, on travaille, non plus à propager la lumière, mais à perpétuer l'obscurité.

D'autre part, on réussit assez facilement à s'assimiler plusieurs vérités d'ordre scientifique, et à les présenter aux lecteurs d'une manière intéressante, sans être, pour cela, un grand philosophe et un profond théologien.

Si on se risque, alors, à tenter quelque excursion audacieuse dans le domaine de la Métaphysique et de la Religion, on s'expose à commettre de grosses bévues et à se laisser aller à de prodigieux écarts.

Beaucoup n'ont pas su éviter cet écueil.

Quand on parcourt, par exemple, les volumes consacrés par M. Figuier à traiter les questions philosophiques et religieuses (1), on est douloureusement surpris. On ne peut s'empêcher de se demander s'il faut le prendre au sérieux, ou si l'on n'a pas affaire plutôt à un mauvais plaisant.

Si l'auteur n'était déjà, par ailleurs, connu, on le regarderait certainement comme un esprit fantasque, ennemi de toute logique, admettant des énormités sans l'ombre d'une preuve, et sans s'apercevoir de leur bizarrerie et de leur absurdité.

Se contredisant lui-même très souvent sans y faire attention, ou sans en rougir ; très souvent aussi, ignorant des choses dont il parle, il offre à l'admiration de la foule, comme la plus vaste synthèse que jamais l'esprit humain ait enfantée, un amas de conceptions étranges, chimériques, paradoxales, extravagantes et sans fondement.

Comment un homme raisonnable en est-il venu à publier de pareilles billevesées, alors qu'il manque absolument de preuves pour les établir ? En est-il convaincu lui-même ? et s'il ne l'est pas, comment ose-t-il les écrire ?

Comment ose-t-il, surtout, se poser en docteur universel et en réformateur autorisé de la Philosophie et de la Religion ?

1. *Le Lendemain de la mort, ou la Vie future selon la Science. — Les Bonheurs d'outre-tombe.*

Ce n'est pas un crime de ne pas tout savoir ; mais on a toujours tort de prétendre s'ériger en maître, pour enseigner, avec le ton d'un oracle, des matières dont on aurait besoin d'apprendre les premiers éléments.

En composant les deux ouvrages indiqués plus haut, il croyait rester vulgarisateur ; mais il a laissé la Science de côté pour se lancer en plein dans le domaine de la Métaphysique et de la Théologie. Or, il s'est trouvé là dans des régions complètement inexplorées pour lui, et il a livré bataille sur un terrain absolument inconnu.

Aussi la presque totalité de ses coups portent-ils à faux et dans le vide. La plupart de ses attaques contre nos croyances sont, en effet, basées sur des conceptions inexactes des dogmes chrétiens.

Là fourmillent des affirmations hasardées, des idées mal comprises, des accusations mal fondées et des erreurs criantes, le tout avec un grand luxe d'apparat scientifique, en des questions sur lesquelles la Science est forcément muette.

Le lecteur, du reste, en sera bientôt convaincu par lui-même.

CHAPITRE II

LES FILS ET LES FRÈRES DU SOLEIL

I

La synthèse de tous les êtres visibles
et invisibles.

Voici donc ce que M. Figuier appelle sa *Théorie
de la Nature et la véritable Philosophie de l'Univers.*

Ce sont ses rêveries sur la vie future réservée à
l'homme après son existence ici-bas. Non seulement ce système est antiphilosophique et antireligieux, mais il est franchement antiscientifique.
Nous n'aurons pas grand'peine à le montrer.

C'est le système de la transmigration des âmes
et des résurrections célestes, hypothèse déjà
vieille de trente siècles environ, mais un peu restaurée.

D'après l'auteur, tout arrive du Soleil, et tout

y retourne. Comme il y a dans l'atmosphère une circulation aérienne des eaux, il y aurait à travers l'éther une circulation mystérieuse des âmes.

Des nuages amoncelés sur nos têtes vient la pluie qui fertilise nos champs, alimente nos sources, gonfle nos rivières et nos fleuves, pour se perdre ensuite dans la vaste mer.

Mais cette eau, bienfait du ciel, y remonte après un séjour plus ou moins prolongé sur la Terre.

Sous forme de vapeur invisible, elle se dégage sans cesse de la surface des océans, gagne les régions supérieures, y reste suspendue quelque temps sous forme de nuage, pour retomber de nouveau et recommencer indéfiniment le même cycle.

Ainsi en est-il des âmes !

Filles du Soleil, elles sortent de ce globe lumineux et sont envoyées ici-bas pour animer les créatures inférieures. Elles s'incarnent en pénétrant ces fragments de matière inerte, comme les eaux pluviales s'infiltrent dans les entrailles du sol.

Quand le végétal ou l'animal auquel elles ont communiqué la vie, se corrompt et se réduit en poussière, elles le quittent, mais pour se réincarner dans d'autres organismes de plus en plus parfaits et subtils, de manière à se spiritualiser elles-mêmes de plus en plus.

Ce long pèlerinage continue jusqu'au moment où, complètement dégagées de la matière et entièrement spiritualisées, elles remontent vers l'astre dont elles procèdent, et s'incorporent à lui.

Là leur rôle n'est pas fini : fécondées par ce divin Soleil (car, nous le verrons tout à l'heure, pour M. Figuier le Soleil est un dieu,) elles donnent naissance à des embryons d'âmes.

A leur tour, celles-ci descendent sur notre planète, pour s'introduire d'abord dans un corps rudimentaire, et parcourir les mêmes phases que leurs mères et grand'mères, jusqu'à ce que, parfaites, elles aussi, elles soient jugées dignes d'habiter le Soleil. Admises dans son sein, elles y engendrent d'autres âmes... et ainsi de suite indéfiniment.

C'est curieux, n'est-ce pas ?

Mais sans ce va-et-vient d'esprits à travers les espaces, le Soleil, paraît-il, s'épuiserait bientôt. Il doit nécessairement être revigoré de temps en temps. Comme le vieux Saturne il dévore ses propres enfants, afin d'en produire d'autres.

Les âmes, après avoir atteint leur degré supérieur de perfectionnement, viennent se perdre dans le Soleil et s'identifier à lui. En filles bien nées, elles lui rendent équivalemment ce qu'elles en ont reçu ; elles le nourrissent de leur propre substance, et lui permettent d'être ainsi le père de nouveaux vivants.

La lumière et la chaleur solaires, d'après M. Figuier, sont entretenues par l'arrivée des âmes qui, comme une multitude innombrable de bolides, se précipitent sur lui de toutes les parties de notre système planétaire.

Le choc des corps, arrêtant le mouvement, le transforme en chaleur. Pourquoi n'en serait-il pas ainsi chez les esprits ? se demande M. Figuier. Et sans autre preuve, il affirme imperturbablement que le choc de deux âmes crée de la chaleur matérielle.

Comme on le voit, c'est la théorie thermodynamique étendue aux esprits purs.

Nous laissons à penser combien l'application de cette théorie, dans l'espèce, est scientifique et philosophique. Sans grand effort d'intelligence, on y découvre un manque de logique absolu.

Ces âmes seraient donc la cause des rayons bienfaisants projetés par le Soleil sur la Terre. Nul ne l'avait soupçonné jusqu'à présent : aucun ouvrage sérieux n'avait exposé une telle doctrine.

On serait en droit de demander à l'auteur des preuves solides d'une assertion aussi étrange : ces preuves, nous le constaterons bientôt, sont aussi singulières que la proposition à démontrer.

Là aussi se poserait naturellement le problème élémentaire de l'œuf et de la poule. Le premier œuf a-t-il existé avant la première poule, ou la première poule avant le premier œuf ? Grave question !... nulle Académie jusqu'à présent n'a pu la résoudre.

De même, puisque les âmes entretiennent la chaleur du Soleil, et que par sa chaleur le Soleil engendre les âmes, comment les choses se sont-elles passées à l'origine ?

Les premières vibrations caloriques du Soleil ont-elles été causées par le choc de quelques âmes tombant sur lui ? Mais, alors, d'où venaient ces âmes ?

Ou bien, les premières âmes ont-elles été engendrées par le Soleil lui-même ? mais, alors, de quelle cause provenait sa chaleur ?

Grave problème, probablement à jamais insoluble. N'insistons pas.

II

Les surhumains et les archihumains.

Partie du Soleil et projetée sur la Terre à l'état d'embryon immatériel, une même âme vivifie successivement une foule d'êtres de plus en plus parfaits, et de mieux en mieux organisés : plantes, zoophytes, reptiles, poissons, oiseaux, mammifères, singes, hommes.

Notre vie actuelle succède ainsi à une longue enfance, dont le souvenir s'est complètement effacé de notre mémoire, mais dont la réalité n'en est pas moins certaine, si l'on en croit M. Figuier.

Cette enfance n'a pas duré moins de quelques myriades de siècles. Pendant cette période nos âmes s'ignoraient elles-mêmes.

Simples embryons d'esprit, elles avaient la faculté de sentir, sans en avoir l'exercice : âmes de plantes et de zoophytes, elles n'étaient que des germes aptes à se développer.

La sensation fut consciente chez elles, quoique vague, quand elles passèrent dans le corps des mollusques. Elle se perfectionna de plus en plus par leur habitation dans les animaux articulés, dans les poissons, les reptiles, les mammifères, les singes surtout.

Chez eux, elle s'éveilla complétement ; de latente elle devint active ; à l'instinct se mêlèrent des lueurs d'intelligence, principalement chez les anthropopithèques ; il y avait déjà aussi du jugement, de la volonté, de la conscience et une ébauche de pudeur.

Ces âmes étaient dignes, à ce moment, de monter plus haut et d'animer un corps plus parfait.

Alors, nous naquîmes, et notre rang fut marqué dans la grande famille humaine.

Si nous étions morts en bas-âge, comme cela est arrivé pour tant d'autres, nos âmes ne s'étant pas assez purifiées par un séjour aussi rapide dans un corps humain, auraient dû recommencer une seconde existence terrestre, et se réincarner dans le corps d'un nouveau-né.

Il en est ainsi, d'ailleurs, pour ceux qui, sur la Terre, croupissent dans le vice. Après leur mort, leur âme est condamnée par le Soleil à tenter une autre épreuve ici-bas, non pas une fois seulement, mais aussi souvent que ses crimes le rendent nécessaire.

Lorsque, après une vie terrestre suffisamment longue et méritante, les âmes ont atteint un degré de pureté convenable, elles se séparent de leur corps décrépit, comme l'on sort d'une maison en ruine.

Nous avons dit qu'elles doivent se réincarner ensuite, mais ce n'est plus sur la Terre, ni même dans une autre planète.

Elles s'élancent dans les régions supérieures de l'air, montent plus haut que les nuages, et se précipitent dans l'espace immense, au milieu duquel les astres décrivent leurs gigantesques orbites.

L'éther interplanétaire devient leur seconde patrie.

Leurs actions vertueuses, précédemment accomplies sur notre globe, sont récompensées dans les plaines éthérées par l'union à un corps plus subtil : il leur procure des facultés nouvelles et des sens nouveaux.

Elles sont, alors, aussi élevées au-dessus de la dignité humaine que l'homme est élevé au-dessus de l'animal, celui-ci au-dessus de la plante, et la plante au-dessus de la matière brute.

Ainsi aux catégories d'êtres généralement connus et, divisés en plusieurs règnes : minéral, végétal, animal et humain, s'en ajoute une autre : le règne surhumain.

M. Figuier compare ces êtres surhumains aux Anges dont l'Église catholique nous enseigne l'existence. Mais il se trompe en cela, car les Anges n'ont pas de corps, même éthéré.

Après cette méprise il ajoute cette réflexion d'une profondeur remarquable : *l'homme est un candidat à l'état angélique, comme le chien est un candidat à l'humanité* (p. 10).

C'est très flatteur pour le chien, qui, à son tour, sera, plus tard, un ange. Si ce fidèle compagnon de l'homme soupçonnait la grandeur de ses destinées futures, il en tressaillirait de bonheur !... Un jour, anges, hommes et chiens se retrouveront dans le sein du Soleil.

On aurait eu de la peine à calculer le nombre des transformations nécessaires aux embryons spirituels pour effectuer leur voyage, depuis les plantes et les mollusques, jusqu'aux mammifères et à l'homme, en passant par les reptiles et les oiseaux.

Mais la série des transmutations réservées, dans les champs de l'espace, aux émigrés de la Terre n'est pas moins considérab'e.

Les surhumains meurent donc et renaissent bien des fois. Heureusement, chaque résurrection céleste leur apporte une augmentation de puissance intellectuelle et de pureté morale.

Parmi ces ressuscités, citoyens de l'éther interplanétaire, ne sont pas seulement les anciens habitants de notre sphère, ou Terriens ; mais il y a aussi les Martiens, les Vénusiens, les Joviens, les Mercuriens, les Saturniens, les Neptuniens, etc. Ce sont les ex-citoyens des planètes Mars, Vénus, Jupiter, Mercure, Saturne, Neptune, etc.

Elle doit être extrêmement curieuse cette réunion d'individus cosmopolites provenant d'humanités disparates, car les habitants des diverses planètes diffèrent beaucoup entre eux, par suite de la grande variété des conditions climatériques, atmosphériques et géologiques de chaque monde (1).

Dans les plaines éthérées, ces différences profondes persistent-elles encore, ou sont-elles atténuées ? Ce serait là évidemment une question bien intéressante à étudier. Probablement elles doivent disparaître, à mesure que les perfections augmentent jusqu'à la ressemblance totale des êtres, au moment de leur entrée définitive dans le Soleil.

Cette armée innombrable d'êtres de toutes langues, de toutes nations, de toutes tribus et de toutes planètes, est appelée par M. Figuier (sans jeu de mot, assure-t-il,) la population flottante de l'Univers, car elle flotte dans le milieu éthéré, comme l'oiseau dans l'atmosphère et le poisson dans les eaux.

A la fin d'une vie surhumaine de cinq ou six siècles, les êtres, entrant dans une nouvelle phase, appartiennent à la catégorie des *archihumains*. Ils habitent, conformément à l'accroissement de leur mérite, une région supérieure de l'éther interplanétaire plus rapprochée du Soleil.

Les espaces célestes sont ainsi divisés en provinces distinctes.

D'étape en étape, les êtres ne cessant de se perfectionner et d'acquérir des facultés de plus en plus exquises ou délicates, s'avancent vers le terme de leur voyage. Leur corps est de plus en plus léger, transparent et subtil.

1 Voir notre Opuscule : *L'Épanouissement de la vie organique à travers les plaines de l'Infini.* (Bloud et Barral.)

Échappant toujours davantage aux lois de la pesanteur, affranchis du besoin de la nourriture, il leur suffit de humer l'éther.

Cette alimentation presque immatérielle remplace les fonctions multiples naturelles à notre organisme ici-bas, comme la nutrition, la respiration et la circulation du sang.

La matière tend donc à s'effacer de plus en plus, pour laisser dominer l'esprit.

III

Les Dieux-Soleils.

Quand elles sont esprits purs, les âmes parvenues au comble de la perfection sont jugées dignes d'être incorporées à la divinité, c'est-à-dire de pénétrer dans l'astre central de notre monde planétaire et d'y fixer leur séjour éternel.

Elles font alors partie intégrante de la divinité solaire, car M. Figuier l'affirme avec un aplomb imperturbable : le Soleil est Dieu. Cela n'est pas une simple métaphore ; ce serait, d'après lui, l'expression de la réalité.

Mais les étoiles étant des soleils sont également des dieux.

Toutes elles sont des séjours d'une félicité semblable pour les âmes parties des diverses planètes stellaires et parcourant des évolutions analogues à celles des humains et des archihumains. Ces âmes, après une purification successive se précipitent vers ces foyers ardents et entretiennent ainsi la lumière et la chaleur de ces astres lointains.

Or, on le sait, il y a des millions et même des milliards d'étoiles. Les dieux se compteraient donc par millions et milliards.

Cette conséquence n'est pas de nature à effrayer M. Figuier. Au contraire, il est convaincu de sa vérité, et, de plus, nous la présente comme l'enseignement de la Science moderne.

Il y a là certainement de quoi étonner et faire sourire les savants. Aucun d'eux, jusqu'ici, ne s'en était douté : probablement leur Science était incomplète.

Quant aux rationalistes, matérialistes, positivistes et autres ennemis de toute Religion, ils sont ahuris du coup. Selon eux (et ils ne cessent de le répéter sur tous les tons,) la Science avec ses merveilleux progrès mène droit à l'athéisme, ou au doute.

Et M. Figuier, avec sa grande réputation, vient leur notifier que la Science ayant démontré la pluralité des mondes habités (pourtant elle ne l'a pas fait encore) (1), tend par là-même, au contraire, à faire admettre la pluralité des dieux.

1. Voir nos trois Opuscules sur la *Pluralité des Mondes*. (Bloud et Barral.)

Ces dieux seraient légions, comme les étoiles du ciel. De plus, chacun d'eux comprendrait une multitude innombrable d'êtres surhumains, archi-humains, etc., entrés dans sa substance et devenus des portions infinitésimales de sa divinité.

Ces dieux seraient composés de millions de milliards d'âmes, comme les corps sont composés de millions de milliards de molécules.

Les âmes seraient donc des cellules divines, ou des atomes de la divinité.

Quelle sublime conception!... quelle magnifique synthèse de l'Univers!... Comme tout cela est beau, philosophique, scientifique et moral!...

Tel est le polythéisme astronomique auquel, selon M. Figuier, la Science conduit tout esprit libre de préjugés.

Ce serait là, comme il le prétend, la plus grande découverte moderne!... Malheureusement pour son génie inventif, elle a été faite déjà depuis vingt ou trente siècles.

Il nous invite à offrir le tribut de nos adorations au Soleil et aux étoiles, comme le font encore les sauvages du centre de l'Afrique et de l'Océanie, ou comme le faisaient les hommes des temps primitifs.

Or, depuis trois mille ans, l'auteur inspiré du Livre de la Sagesse a stigmatisé cette erreur grossière par ces immortelles paroles :

Vani autem sunt omnes homines in quibus non subest scientia Dei : et de his quæ videntur bona, non potuerunt intelligere eum qui est, neque operibus attendentes agnoverunt quis esset artifex : sed aut ignem, aut spiritum, aut citatum aerem, aut

gyrum stellarum, aut Solem... deos putaverunt.
(Sap. XIII. 2.)

Bien auparavant encore l'auteur du Deutéronome l'avait condamnée : *Ne forte elevatis oculis ad cœlum, videas Solem et Lunam, et omnia astra cœli, et errore deceptus adores ea et colas quæ creavit Dominus Deus tuus in ministerium cunctis gentibus.* (Deut. IV, 17.)

On le voit donc : cette Science présentée comme si avancée est bien en retard.

Ces légions de dieux-soleils sont organisées en armée permanente et obéissent à un Dieu suprême, que, pour se conformer à la tradition, M. Figuier appelle Jéhovah !

Allant p'us loin que la Science réduite à de simples conjectures à ce sujet, M. Figuier enseigne que toutes les étoiles circulent autour d'un point central, placé dans les abîmes de l'espace, à des profondeurs incommensurables, même à l'imagination la plus audacieuse.

Là convergent toutes les orbites stellaires ; là elles ont leur foyer commun dont elles dépendent. Or, des dieux ne peuvent être subordonnés qu'à des dieux : le contraire serait une anomalie et un non-sens.

Ce centre géométrique de l'Univers est donc le séjour du Dieu suprême, Jéhovah, astre immense, masse brûlante, contraignant les dieux secondaires à défiler humblement devant son trône radieux.

C'est le Dieu créateur de toutes les entités.

Aucune Philosophie humaine n'a réussi à soulever le voile sous lequel il se cache ; mais les êtres surhumains, archihumains et autres, le connaissent et le comprennent, surtout quand ils sont devenus eux-mêmes partie intégrante d'une divinité solaire ou stellaire.

Ils admirent les desseins de sa providence et la sagesse de ses décrets, car c'est lui qui, à travers l'histoire, dirige les nations, règle les progrès de leur puissance ou les circonstances accompagnant leur déclin et leur chute finale.

D'après M. Figuier (p. 359), le monde est tellement vaste qu'un seul Dieu ne suffirait pas à le gouverner. C'est pourquoi il y a tant de dieux secondaires, étoiles et soleils. Ils sont comme les préfets de l'empire dont le monarque est Jéhovah !

C'est là se faire une étrange idée du Dieu suprême, en lui décernant si catégoriquement un brevet d'incapacité.

Le fondateur de ce polythéisme astronomique achève son œuvre, en nous disant que ce Dieu suprême est composé de tous les dieux solaires et stellaires, comme ceux-ci sont composés de toutes les âmes échappées de leurs planètes respectives.

Le Dieu suprême est donc un agrégat d'étoiles, comme le corps est une réunion d'atomes.

Ce polythéisme évolue visiblement vers le panthéisme.

Telle est, d'après M. Figuier, la véritable *Théorie de la Nature* et la synthèse de tous les faits de l'ordre physique et moral.

Sur les degrés de cette vaste échelle se range

tout ce qui a vie. Ainsi se soudent, les uns aux autres, les innombrables anneaux de la chaîne des êtres, et l'on ne saurait trouver un autre lien pour les rattacher entre eux.

En dehors de là, point d'explication rationnelle de l'Univers.

Comme on le voit, l'auteur ne pèche point par excès de modestie en jugeant son œuvre.

CHAPITRE III

LES ENTORSES A LA RAISON

I

**Pourquoi les hommes deviennent, après leur mort,
surhumains et archihumains.**

Le système de cosmogonie, de théosophie et d'eschatologie exposé dans les pages précédentes, est évidemment des plus étranges.

Avant de l'admettre, tout esprit impartial exigera des preuves, et l'auteur de cette fantasmagorie devra nous en fournir, à moins qu'il ne se résigne à n'être pas pris au sérieux.

Soucieux de sa réputation, il nous en avait promis beaucoup ; il les annonçait à grand orchestre aussi nombreuses qu'irréfutables.

Ce livre, disait-il, est éminemment consolateur, ayant été écrit à côté d'une tombe prématurément ouverte, sur laquelle bien des pleurs ont coulé.

Son intention, en le composant, était d'alléger l'immense douleur de son cœur paternel brisé par la mort d'un fils. Il voulait aussi procurer à ceux qui traversent des épreuves de ce genre le moyen de ne pas désespérer de l'avenir, et de ne point défaillir en face du trépas.

Le secours présenté au nom de sa Philosophie scientifique, lui a paru bien supérieur à ceux dont les autres religions sont vainement prodigues.

On pourrait n'être absolument pas de son avis, même en supposant son système vrai, car il n'y a pas une joie bien grande à s'incorporer au Soleil, et à n'avoir pas d'autre occupation pendant toute l'éternité que celle de faire vibrer l'éther, afin de produire les ondulations luminiques, calorifiques et électriques.

Tous retireront-ils de ce travail forcé un bonheur sans égal? nous en doutons : la plupart même en seront vite dégoûtés.

Il ne valait pas la peine de se moquer du paradis chrétien, pour le remplacer par une telle invention.

Mais cependant, si l'on ne veut se bercer d'illusions, même au sujet d'une félicité si précaire, il faut de toute rigueur posséder quelques preuves. Sinon l'on serait bien à plaindre !

A quoi se réduiraient, en réalité, dans les amères tristesses de la vie ces hypothétiques espérances ?

Examinons donc les preuves.

Pour établir cette proposition : après la mort l'être humain ressuscite, et l'âme, quittant le corps terrestre, s'incarne dans un corps plus subtil, pourvu de qualités infiniment supérieures, M. Figuier nous décrit longuement les métamorphoses de la chenille.

Cet être noirâtre et velu, souvent d'une laideur repoussante, n'a d'abord qu'une vie assez rudimentaire. Elle rampe lourdement sur le sol, ou se hisse péniblement le long de l'écorce des arbres.

Avec le pressentiment infaillible de sa mort prochaine, la chenille se construit un tombeau. Elle s'y enferme, s'y endort, et meurt, du moins en apparence. Pour elle tout mouvement cesse ; elle demeure absolument insensible aux choses extérieures ; son corps est immobile et glacé comme le serait un cadavre.

De larve devenue chrysalide, elle semble dormir son dernier sommeil dans le silence d'une profonde nuit.

Mais défiez-vous des apparences si souvent trompeuses. Cette prétendue morte reprendra vie. Un jour, bientôt, elle se réveillera avec une forme toute différente et avec des propriétés nouvelles.

Soulevant la porte du sépulcre, ou en perçant les parois, elle en sortira, non plus ver hideux et repoussant, mais papillon agile, gracieux, magnifique de beauté.

Ce ressuscité ne rampera plus sur le sol, mais il s'élancera dans l'air, s'enivrant de lumière et se nourrissant du pollen des fleurs.

— Voilà un fait aisé à observer : on l'avait remarqué bien avant M. Figuier, et celui-ci n'a pas été le premier à le découvrir ou à le décrire. On ne pourrait nous le présenter comme une conquête de la Science moderne.

Depuis bien longtemps, les orateurs chrétiens et les anciens Pères de l'Église l'avaient commenté comme un exemple propre à nous laisser entrevoir, quelque peu, combien merveilleuse sera la transfiguration promise par Dieu à ses élus.

Mais ils avaient eu la sagesse de le proposer seulement comme une comparaison ; jamais comme une preuve péremptoire de la vérité de la doctrine révélée.

Notre philosophe n'imite pas cette réserve : là où il n'y a qu'une comparaison ingénieuse, agréable et sensible, il voit une preuve indiscutable.

D'après lui, l'homme est une chenille, puisqu'il rampe sur le sol, et se trouve incapable, comme l'oiseau ou le papillon, de voler dans l'atmosphère.

En outre, entouré de mystères impénétrables, il est comme un insecte frappé de cécité. Il connaît certaines lois physiques présidant aux phénomènes naturels, et il en calcule les effets ; mais au sujet de la nature de la lumière, de l'électricité, du magnétisme, de la gravitation, etc., le plus savant physicien de nos Académies n'est pas plus instruit que l'humble chenille de nos bois (p. 7.)

Donc, l'homme est une chenille.

Or, la chenille ne meurt pas ; et, après sa mort apparente, elle ressuscite à l'état de papillon.

Donc, l'homme ne meurt pas, en réalité ; et, après sa mort apparente, il ressuscite lui aussi.

Pour s'en convaincre, d'ailleurs, il suffit de considérer les feux follets.

Ces flammes légères s'échappent, la nuit, du sol où les cadavres sont ensevelis ; elles voltigent au-dessus des tombes et se perdent dans l'air. Les chimistes les appellent simplement du gaz hydrogène phosphoré, et elles ne sont rien autre chose. Comme les poëtes et les gens du peuple, M. Figuier les prend sérieusement pour les âmes des trépassés.

Abandonnant leur dépouille corporelle à la fermentation putride et à l'action dissolvante des lois de décomposition chimique, elles s'élancent, à ce moment, dans les champs illimités de l'espace, pour reprendre un nouveau corps et renaître à l'état d'êtres surhumains, puis d'êtres archihumains, etc., etc.

Voilà comment raisonne l'auteur. On peut par ce seul exemple apprécier sa logique et la force de ses preuves ; car ses arguments sont tous du même genre.

Sa Philosophie est en défaut, parce que, en observant la Nature, il néglige d'examiner des circonstances importantes.

La chenille se métamorphose en papillon : c'est vrai ; mais le papillon (on ne devrait pas l'oublier) engendre des chenilles ; puis, il meurt. Après cela que devient-il ? Ressuscite-t-il sous une nouvelle forme ? Jamais la Science ne l'a constaté. Elle est plutôt persuadée du contraire.

De ce que la chenille devient papillon, après s'être enfermée dans sa coque, s'ensuit-il que l'homme doit sortir vivant du tombeau ? Vous le pensez, mais où est la preuve scientifique ? On a bien vu une larve se dépouiller de sa première enveloppe, prendre des ailes et voler ; a-t-on jamais aperçu un cadavre se transformer en ange ou en être surhumain ?

Si vous dites : « C'est la loi : ce qui arrive pour la chenille, s'accomplit aussi pour l'homme ; » j'ai le droit de vous demander : « Qui a posé cette loi, et comment en connaissez-vous l'existence ? En l'absence de preuves, votre opinion n'est-elle pas une affirmation gratuite ? »

Tantôt vous disiez : « L'homme est inapte à pénétrer l'essence des choses ; le plus savant n'est pas plus instruit que l'humble chenille de nos bois... »

Et maintenant, pourquoi venez-vous parler avec tant d'assurance des événements futurs, encore plus énigmatiques que les mystères dont nous sommes entourés actuellement ?

De ces phénomènes futurs d'outre-tombe nous ignorons non seulement la cause cachée, mais même la simple existence.

Nul ne les a vus ; nul n'a pu en constater la réalité. Sont-ils même possibles ? qui pourrait l'affirmer scientifiquement ? Seule l'imagination a le privilège de les dépeindre et de les décrire ; mais que de fois l'imagination se nourrit de chimères !

La folle du logis n'est jamais embarrassée pour édifier les théories les plus abracadabrantes. Si c'est là ce que vous entendez par « les enseignements de la Science moderne, » il aurait fallu le dire de prime abord, et nous aurions su à quoi nous en tenir.

Mais aucun esprit sérieux ne verra là les enseignements de la Science. Si elle pouvait se plaindre, elle aurait mille fois raison de le faire, car trop souvent on lui attribue ce qu'elle n'a jamais professé et ne professera jamais.

Sur ces questions d'outre tombe, en effet, la vraie Science est muette, et le sera très probablement toujours.

Voilà pourquoi Dieu a voulu nous apprendre lui-même ce qu'il nous était utile de savoir sur ce sujet capital, et ce que nous n'aurions jamais su sans la divine Révélation.

N'invoquons pas la Science moderne pour des faits en dehors de sa compétence.

L'auteur a prévu en partie l'objection, et s'efforce d'y répondre.

— De ce que personne n'a vu les êtres surhumains, archihumains, et autres, est-on autorisé à conclure qu'ils n'existent point ? Le microscope et le télescope ne nous ont-ils pas manifesté des êtres inconnus à nos aïeux ?

— Sans doute ; mais ici le microscope et le télescope n'ont rien à faire. Si, parce qu'on ne les a pas vus, on ne peut pas affirmer que les archihumains et les surhumains n'existent pas, on ne peut pas assurer davantage qu'ils existent.

Un inventeur de génie construira-t-il, quelque jour, un instrument capable de nous montrer les archihumains comme le microscope nous découvre les microzoaires, ou comme le télescope nous rend visibles les astres lointains perdus dans les profondeurs des cieux ?

Il est très permis d'en douter ; en tous cas, il convient d'attendre. Sur quelle base, en effet, asseoir ce jugement, les prophéties n'étant pas de mise dans le domaine scientifique ? La raison réclame des preuves d'un autre ordre.

Un esprit rêveur se livrerait à tous les délires de son imagination ; il supposerait pour les hommes, après leur mort, les états les plus chimériques avec des pérégrinations astronomiques les plus romanesques, les plus invraisemblables et les plus incroyables.

Après cela, il viendrait nous dire : « Ceci est l'enseignement de la Science ; inclinez-vous, car vous vous seriez trompé, si, avant l'invention du microscope, vous aviez refusé d'admettre l'existence de millions de microbes dans une goutte d'eau ! »

Voilà qui est logique !... Voilà qui satisfait les exigences de la raison !... Les catholiques auxquels on reproche parfois d'être crédules, sont autrement difficiles pour les preuves de leur foi. Ils en veulent, et de bonnes, de solides, d'irréfutables.

Ah ! la Science ! elle est admirable avec ses magnifiques découvertes de l'électricité, du magnétisme, des rayons X, etc., etc. Ces merveilles nous sont familières, comme à vous : elles sont notre propriété, comme la vôtre.

Mais vos rêveries, vos chimères, vos utopies extra-terrestres et interplanétaires, nous ne vous les envions pas. Gardez-les ; accordez-leur votre créance; mettez en elles votre espoir, si vous le voulez.

Nous vous plaignons de ne pas avoir mieux ; mais nul ne vous reconnaît le droit de les présenter comme l'enseignement de la Science : elle-même proteste, et se récrie !...

II

Pourquoi les surhumains et les archihumains n'habitent pas des planètes, mais l'éther interplanétaire.

Après avoir si mal démontré l'existence des archihumains, ou plutôt, après ne l'avoir pas démontrée du tout, l'auteur, sans s'apercevoir de l'insuffisance et de la nullité totale de ses preuves, se déclare content et veut que chacun le soit. S'imaginant avoir établi cette thèse au point de la rendre désormais inattaquable, il passe à une autre question.

Il entreprend de prouver que les archihumains et leurs confrères n'habitent pas des planètes, mais l'espace infini séparant les mondes et présenté par la vraie Science à peu près comme étant le vide absolu.

Sa prétendue preuve a été réfutée cent fois. La voici en peu de mots.

— Il y a des habitants sur la Terre, dans l'eau, dans l'air et dans le sol. Donc, il doit y en avoir aussi, non seulement dans les autres planètes, mais dans l'espace à travers lequel les astres décrivent leurs orbites.

— Nous avons mis en lumière, ailleurs, l'inanité d'un tel raisonnement (1). Il n'est pas sûr du tout que les planètes soient habitées : c'est donc bien moins sûr encore pour l'éther interplanétaire.

D'ailleurs la Science ignore absolument la nature de ce mystérieux éther. Pour beaucoup de savants, la réalité de l'éther est même très discutée : ils le regardent comme une chose fort problématique, une pure hypothèse, commode en certains cas, mais, en beaucoup d'autres, entraînant d'insolubles difficultés.

— Mais, poursuit le fondateur de cette religion astronomique, si les espaces interplanétaires n'étaient peuplés par des créatures l'emportant sur les hommes par leur intelligence et leurs autres facultés, il y aurait des lacunes dans l'Univers. Or, cela est impossible.

Dans la Nature, tout procède par gradations insensibles, depuis l'humble mousse du rocher jusqu'à l'homme, en passant par les zoophytes et tous les termes de la série animale.

Entre l'homme et Dieu, il doit donc s'échelonner des êtres intermédiaires pour remplir le gigan-

____

1. Voir nos trois Opuscules sur *la Pluralité des Mondes*. Bloud et Barral.)

tesque abîme creusé entre les créatures et le Créateur.

— Ce raisonnement ressemble un peu à celui des théologiens en faveur de l'existence des Anges. Il y a pourtant là une distinction capitale à introduire.

A la suite de saint Thomas d'Aquin, les théologiens le donnent seulement comme un *argument de convenance*. Il paraît *convenable*, en effet, que Dieu ait produit une série de créatures supérieures à l'homme et formant une chaîne progressive de puissances spirituelles.

Mais jamais aucun théologien n'a considéré ces êtres comme nécessaires pour combler dans l'Univers « un hiatus colossal. » Jamais aucun théologien ne s'est appuyé sur cette unique base, pour édifier une thèse au sujet des Anges : cette argumentation n'eût pas suffi, car, en réalité, il n'en découle que la convenance, et non la vérité du fait.

Or, ce qui est une demi-preuve pour les théologiens, ne prouve absolument rien dans l'hypothèse de M. Figuier. Celui-ci a d'autant plus tort d'attribuer à sa démonstration une force péremptoire.

L'homme étant composé d'une âme et d'un corps, et Dieu étant un esprit pur, les Anges constituent réellement entre l'homme et Dieu une série de puissances ascendantes.

Il n'y a pas moins entre le plus parfait des Séraphins et le Très-Haut un « hiatus » gigantesque, puisque entre la créature, quelle qu'elle soit, et Dieu, la distance sera toujours infinie.

Mais le Dieu dont parle M Figuier est le Soleil.

Cet astre, la Terre, Mars, Vénus, etc., ont incontestablement la même nature. Seulement la Terre est un globe déjà éteint, et le Soleil est encore incandescent, quoique destiné à s'éteindre et à devenir planète à son tour.

En quoi des êtres de plus en plus spiritualisés et subtils, comme les surhumains, les archihumains et consorts, peuvent-ils servir d'intermédiaires entre des astres matériels, dont quelques-uns se sont plus tôt revêtus d'une couche solide et opaque, par le seul motif qu'étant plus petits ils se sont refroidis plus tôt ?

Et puis, que penser d'un homme venant nous affirmer, sans sourciller, que, d'après la Science, le Soleil est dieu !...

Faut-il prendre au sérieux l'auteur d'un pareil livre ? N'a-t-il pas voulu se moquer de ses lecteurs ?

De telles assertions ne heurtent-elles pas de front la raison et le bon sens ? S'arrêter à réfuter d'aussi criantes absurdités, ne serait-ce pas perdre son temps et sa peine ?

Le Soleil et les étoiles ont eu un commencement.

Non seulement la Foi, mais la Science nous l'enseigne.

D'après la théorie cosmogonique généralement reçue par les savants, les astres lumineux et les astres obscurs sont le résultat de la condensation de la nébuleuse primitive.

Celle-ci a donc enfanté les dieux. Était-elle dieu ou déesse, elle-même ? Alors pourquoi la mère universelle de dieux n'existe-t-elle plus ?

Les planètes et leurs lunes, avant de s'éteindre, furent brillantes comme des étoiles. Alors, sans doute, elles furent des dieux aussi. Pourquoi ne l'auraient-elles pas été au même titre que le Soleil, puisqu'elles lui étaient en tout semblables ?

Obscurcies et en partie refroidies maintenant, sont-elles dieux encore ?

Si oui, pourquoi les Terriens, les Martiens, les Vénusiens, etc., quitteraient-ils leur dieu pour un autre ? Pourquoi, s'élançant de la Terre, de Mars, de Vénus, etc., entreprendraient-ils un long et périlleux voyage pour arriver au Soleil ?

Pourquoi ne se rendraient-ils pas, de préférence, à l'intérieur de leurs planètes respectives, où le feu central garde encore son activité première ? On sait, en effet, quelle mince pellicule, par rapport à leur diamètre, représente la couche solidifiée dont elles sont revêtues : c'est une simple feuille de papier.

Si, au contraire, ces planètes, autrefois dieux, ont perdu leur divinité, en perdant leur éclat et leur auréole resplendissante, il reste à expliquer ce que sont ces dieux étranges vieillissant comme de pauvres mortels.

Quant au Soleil, encore dieu présentement, il est condamné à mourir lui aussi. Il s'éteindra certainement ; la Science calcule approximativement la date de cet événement fâcheux.

Sans doute il a encore quelques siècles de vie ; mais, enfin, le terme final, pour être reculé, n'en est pas moins inévitable. Alors, assurément le Soleil ne sera plus dieu.

Et les étoiles !... elles s'éteindront, elles aussi : c'est indéniable. Ces dieux lointains périront à leur tour.

Voilà donc M. Figuier, avec sa prétendue Science, bien au-dessous des païens de l'antiquité.

Dans l'ancienne Mythologie, du moins, les dieux et les déesses : Jupiter, Junon, Neptune, etc., étaient réellement immortels. Il leur suffisait de naître ; après cela, ils étaient sûrs de vivre toujours.

Les dieux du polythéisme astronomique se trouvent dans des conditions plus défavorables : ils naissent et meurent. Il leur faut un berceau et une tombe, puisqu'ils ont, comme tout être éphémère, un commencement et une fin.

Leur existence, quelque longue qu'elle semble de prime abord, n'en est pas moins un instant fugitif, quand on la compare à l'éternité. Sous ce rapport, ils sont inférieurs aux êtres surhumains et archihumains qui, eux du moins, sont supposés immortels.

Mais quelle sera la destinée de ces archihumains, lorsque le Soleil, leur habitation future, verra son éclat s'effacer et prendra rang parmi les planètes ?

S'enfonceront-ils dans ses profondeurs encore en ignition, ou bien émigreront-ils en masse dans une étoile plus fortunée et encore incandescente ?

Puis, quand celle-ci, sur le point de s'éteindre, sera obligée de perdre sa divinité, fuiront-ils de nouveau ?

Et si toutes les étoiles s'éteignaient, un jour ? Certes, la chose n'est pas impossible. La Science

envisage même cette éventualité comme très vraisemblable.

Où iront-ils, alors, ces malheureux archihumains? Ils seront bien embarrassés de leur propre
personne.

Où, plutôt, puisqu'ils étaient devenus partie
intégrante de la divinité solaire, ils ne survivront
probablement pas à leur divinité, et seront en-
gloutis dans le même naufrage.

III

La vie extraterrestre est-elle un ensemble de félicités ?

Les surhumains et les archihumains ne sont
donc pas assurés de l'immortalité.

Sont-ils, du moins, plus sûrs de posséder le
bonheur ?

Comme d'habitude, l'auteur l'affirme imperturbablement, mais ses preuves sont aussi convaincantes que les précédentes.

Il commence par nous décrire très longuement
les misères de cette vallée de larmes, exposant en
détail ce que tous nous ne connaissons que trop
par notre expérience.

Puis, sans autre forme de procès, il pose ses conclusions : Chacun souffre ici-bas, dit-il ; donc, dans l'éther interplanétaire tout le monde sera heureux !

Voilà tout l'argument. Il est fort, n'est-ce pas ? Si vous n'êtes pas satisfait, vous êtes vraiment bien difficile.

Du reste, si vous n'en êtes pas content, tant pis pour vous ; ensuite vous aurez beau chercher, vous n'en trouverez pas d'autre.

Mais l'inégalité des saisons et les intempéries des climats, par exemple, prouvent-elles qu'on sera mieux ailleurs ?

Le froid de l'espace interplanétaire est autrement rigoureux que celui des régions les plus inhospitalières de notre globe. Au dire des savants, il descend, pour le moins, à 300 degrés au-dessous de zéro.

Les êtres surhumains et archihumains n'y seront pas précisément à leur aise. Pour n'être pas incommodés dans un tel milieu, il leur faudra une fourrure dix ou douze fois plus épaisse que celle des ours polaires. La Nature, toujours prévoyante, y aura pourvu, espérons-le.

Après avoir été exposés, pendant toute une série de siècles, à ce froid terrible, ils pourront se rattraper à l'intérieur du Soleil. Comme ils seront bien au sein de cette effroyable fournaise, où la chaleur s'élève à plusieurs millions de degrés : tous les éléments y sont fondus, volatilisés, dissociés.

En comparaison de l'abaissement de température

du ténébreux espace, le froid des régions polaires est un doux printemps ; mais, auprès de la chaleur épouvantable du Soleil, celle de nos contrées intertropicales devient l'agréable fraîcheur de la rosée du matin.

Vraiment, sous ce rapport, on perd beaucoup à quitter la Terre : on est mieux ici.

Savez-vous comment l'auteur démontre ensuite le prodigieux accroissement de l'intelligence chez les archihumains ? Ceux-ci, selon lui, doivent l'emporter autant sur les hommes terrestres, que les hommes l'emportent actuellement sur les animaux.

Les habitants de l'espace interplanétaire comprendront toutes les lois de la Physique et de la Chimie. Ils verront distinctement les atomes et les compteront sans peine ; ils contempleront, de leurs yeux, la merveilleuse architecture des édifices moléculaires, et pénétreront les mystères de la gravitation universelle des corps célestes.

En un mot, pour eux la Nature n'aura plus de secret. Non seulement les sens qu'ils avaient sur la Terre seront extraordinairement développés, mais, en outre, ils en acquerront d'autres beaucoup plus subtils.

Cela parce que « nous connaîtrons d'autres planètes que la Terre, et d'autres perspectives que celles que nos yeux ont contemplées ici-bas. » (p. 68).

Voilà toute la preuve de ces étonnantes assertions. Est-il besoin de montrer sa nullité ?

Sans doute, en voyageant, on s'instruit; mais, est-ce au point de changer de nature en acquérant des facultés nouvelles et des sens nouveaux ?

Autres rêveries.

La Science sérieuse a-t-elle jamais vu dans l'éther interplanétaire autre chose qu'un fluide impondérable, transmettant les ondulations de la lumière et de la chaleur ?

Y a-t-elle jamais découvert, comme M. Figuier, des zones différentes ayant chacune leurs productions spéciales et leur économie propre ?... Imaginez-vous dans ces régions interplanétaires tout un système d'organismes végétaux ou animaux flottant dans l'espace, comme y flottent les êtres surhumains ressuscités ? Ce serait bien curieux à voir.

Mais à quoi toutes ces productions variées serviraient-elles, puisque, selon le même auteur, les êtres archihumains seront affranchis du besoin de la nourriture ?

Ne leur suffira-t-il pas d'absorber l'éther par les pores de leur corps transformé ? Cette action si facile ne remplacera-t-elle pas les fonctions physiologiques actuelles : respiration, nutrition, digestion, circulation du sang, etc ?

Ce sera beaucoup plus simple et plus commode. Il en résultera l'exemption de toutes les maladies causées maintenant soit par les vicissitudes des saisons amenant le froid, la chaleur, l'humidité, etc., soit par le vice de constitution des organes et les irrégularités de leur fonctionnement.

Les êtres surhumains ne seront donc jamais malades, assure l'auteur.

Alors, dirons-nous, pourquoi mourront-ils ? La maladie est un prélude de la mort ; un être exempt de toute maladie, devrait nécessairement être à l'abri des atteintes de la mort.

Sans s'arrêter à ce détail, M. Figuier nous parle d'un autre bonheur des archihumains. Vu la subtilité de leur corps, ils seront doués d'une extrême agilité. La marche, la course, le vol leur seront très faciles ; ils pourront sans peine voyager d'une planète à une autre dans l'intérieur de notre système solaire.

Et puis, pour prévenir toute fatigue, et pour compléter leur félicité, ils organiseront des *trains de plaisir*, leur permettant, non seulement de visiter les planètes de notre système solaire, mais de pousser des pointes bien au-delà de ses frontières, et de s'approcher des étoiles, centres d'autres systèmes.

Voyez vous ces comètes dont la course vagabonde semble échapper parfois aux lois de la gravitation ? Les savants ne sont pas encore bien fixés sur leur nature ; ils cherchent, ils hésitent, et confessent leurs doutes.

Pour M. Figuier, il sait à quoi s'en tenir là-dessus : les comètes sont des *trains de plaisir* pour les populations de l'espace (p. 89), absolument comme les feux follets, voltigeant sur les tombes, sont les âmes des trépassés.

Songez à l'immense bonheur qu'on doit éprouver à se mettre à cheval sur une comète, ou à s'installer dans ses flancs vaporeux et transparents, comme on s'étend dans un confortable sleeping-car !...

Appréciez le bonheur de partir ainsi pour un voyage, non pas de quelques centaines de kilomètres, comme sur notre minuscule globe (c'est une misère,) mais pour une course de quelques trillions ou quatrillions de lieues, dans le but de visiter quelque étoile lointaine,

Comme il existe des milliards de comètes, les moyens de transport ne manquent pas, vous le voyez. On n'a que l'embarras du choix, comme dans les gares de nos grandes villes, où de riches compagnies mettent à chaque instant des trains à la disposition du public,

Parfois, il est vrai, arrivent bien dans l'espace éthéré quelques accidents analogues à ceux de nos chemins de fer,

Des comètes, en effet, ont reparu altérées dans leur forme, disloquées et coupées en morceaux.

Dans une rencontre, ou un abordage céleste d'une d'entre elles avec un autre astre, le choc vu la vitesse de ces trains, rapides comme la foudre, doit avoir des conséquences désastreuses.

Les comètes se brisent, alors, et se pulvérisent. Quant aux surhumains voyageurs ils sont réduits en marmelade par suite de cet épouvantable accident.

Mais ne nous effrayons pas trop pour eux : le mal n'est pas irréparable. Ils y gagnent de passer

plus tôt à l'état d'archihumains et aux degrés su-
périeurs.

Qui sait même, si plusieurs d'entre eux ne re-
cherchent pas de propos délibéré de semblables
catastrophes, comme cet anglais original qui
courait le monde tout exprès, afin d'assister à un
déraillement.

Après avoir développé cette théorie étrange,
l'auteur ajoute : « J'ai voyagé dans ma jeunesse ;
c'était pour mon instruction scientifique ; mais
depuis mes nouvelles idées, je suis sédentaire.
Et comme mes amis s'en étonnent, je leur réponds :
J'aurai bien le temps de voyager, quand je serai
mort, et je verrai des pays dont vous ne vous
doutez guère. Cela les fait rire, mais je ne perds
pas mon temps en explications. (p. 88.) »

Naturellement !... Toute explication serait su-
perflue. Mais si M. Figuier ne veut pas perdre son
temps à parler de ces puérilités à ses amis, pourquoi le perd-il à les écrire ? Et de quel droit les
présente-t-il à ses bénévoles lecteurs, lorsqu'il
avoue, quelques lignes plus haut, que la Science
est muette à ce sujet ?

IV

Les surhumains et les archihumains se reconnaîtront-ils ?
Quelle sera leur occupation durant leur vie
de cinq ou six siècles?

Si notre vie actuelle a été précédée par une série d'existences antérieures, pendant lesquelles nos âmes habitèrent le corps des zoophytes, des mollusques et des animaux de toute espèce, nous n'en avons évidemment gardé aucun souvenir.

Qui ne serait extrêmement embarrassé, s'il lui fallait raconter quelques-uns de ses faits et gestes accomplis, quand il était chien, baleine, ou chauve-souris?

En sera-t-il de même, après notre passage à l'état de surhumains ou d'archihumains?

— Non, non! se hâte de répondre l'auteur du polythéisme astronomique.

— Mais, puisque nous ne nous souvenons pas de nos existences passées, pourquoi nous souviendrions-nous de celle-ci?

— Nous nous en souviendrons, vous dis-je.

Cette affirmation tient lieu de preuve. L'auteur s'attache ensuite à établir que l'un de nos principaux bonheurs sera de retrouver nos parents et nos amis perdus.

Cela serait, en effet, bien désirable, mais comment le démontre-t-il ?

C'est bien simple : en une douzaine de pages (98—110) il rapporte longuement l'histoire d'un de ses cam rades d'enfance : premières années, jeunesse, études au collège, échange de bons procédés, enseignement réciproque, musique, chasse aux papillons, collections d'insectes faites de concert, description de la *bouillabaisse*, ou soupe au poisson, mangée avec tant d'appétit au bord de la mer, les jours de congé, etc., etc. ; rien n'y manque, excepté ce qu'il fallait y mettre.

Les événements de ce genre se succèdent jusqu'au jour où ce camarade (il s'appelait Henri,) ayant choisi la profession de chirurgien militaire, fut envoyé en Algérie où il fut saisi de la fièvre ; puis, en Crimée, où il mourut du typhus : ce fut assurément très regrettable, nous n'en disconvenons pas.

Le narrateur, après ce long récit, sautant à pieds joints sur les arguments d'ordre scientifique et philosophique, s'empresse de conclure :

« Donc, nous retrouverons nos amis et nos parents dans les plaines éthérées. »

Et voilà !... ce n'est pas plus difficile, Il ne reste plus qu'à poser triomphalement, après cette démonstration superbe, les quatre lettres fatidiques des traités classiques de Géométrie, C. Q. F. D.

Pourtant, ce procédé est-il scientifique et donne-t-il la certitude d'arriver à la vérité ?

Vous demandez à quelqu'un, par exemple, de

vous démontrer le théorème du carré de l'hypoténuse.

C'est là, on le sait, un redoutable écueil, sur
lequel un grand nombre de bonnes volontés sont
venues faire naufrage. Bien des vaillants n'ont pu
aller plus loin.

Mais avec le nouveau procédé, la chose serait
une bagatelle. On remplirait une douzaine de pages de dissertations sur la pluie et le beau temps,
sur l'Amérique et sur l'Océanie, sur l'empereur
de la Chine et sur le grand Turc, avec une digres-
sion, pleine d'actualité, sur l'état des affaires de la
Grèce, fort compromises malgré le prétendu concert des puissances européennes, dont toute la
diplomatie savante a eu pour effet de perpétuer
le gâchis, etc., etc.

Après quoi, on pourrait magistralement écrire,
en caractères spéciaux, la conclusion ressortant si
bien des prémisses :

Donc, le carré construit sur l'hypoténuse d'un
triangle rectangle est égal à la somme des carrés
construits sur les deux autres côtés. C. Q. F. D.

Comme la Science marcherait à grands pas, si
ce procédé si fécond en résultats imprévus, se gé-
néralisait !...

Dans la mesure de ses forces, M. Figuier semble
avoir voulu le vulgariser, car il y a plus d'une fois
recours.

Un peu plus loin, en effet, il veut établir qu'un
des plus grands bonheurs des surhumains et des

archihumains séra de pouvoir continuer librement, dans les plaines éthérées, les entreprises commencées sur la Terre, mais contrecarrées ici-bas par une foule d'obstacles et interrompues par la mort.

La thèse n'est pas sans importance, et demande à être solidement étayée.

Elle va l'être, de manière à devenir inébranlable.

Fidèle à sa tactique, l'auteur commence donc par consacrer une quinzaine de pages (128-143) à nous entretenir d'un projet formé par lui autrefois, longtemps caressé, et malheureusement avorté, malgré des efforts héroïques pour en assurer le succès final.

Pendant de nombreuses années, apprenons-nous, il s'était occupé de la création d'un théâtre scientifique, afin d'instruire les masses en les amusant. C'eût été le digne complément des bibliothèques populaires.

On n'y avait pas songé avant lui, remarque t-il modestement, les auteurs étant trop peu familiarisés avec les Sciences.

Il se crut prédestiné à la réalisation de cette œuvre sublime, dont la société devait recueillir les avantages les plus précieux.

Dix années de sa vie furent dépensées en efforts surhumains. Il apprit le métier d'auteur dramatique, et composa plusieurs pièces dans ce genre, espérant être soutenu par le gouvernement de la République, qui avait déjà tant fait pour éclairer le peuple.

Après avoir rendu l'instruction laïque et obligatoire, les Chambres, pour achever leur mission, auraient dû la rendre dramatique, en décrétant l'abolition en masse des cafés-concerts, et en les remplaçant par des salles de théâtre scientifique.

Mais, dans le siècle où nous sommes, une idée nouvelle a peu de chance d'aboutir, surtout si elle est bonne (et c'était le cas.) La routine toute puissante dressa devant l'innovateur une barrière insurmontable. Ni le gouvernement, ni les municipalités, ni les directeurs des grands théâtres, ni les artistes en vogue, ni les philanthropes ne le secondèrent.

C'était une conjuration universelle contre lui. Malgré le haut niveau auquel l'instruction s'est élevée, dans la dernière moitié de notre siècle, personne n'eut l'intelligence suffisante pour saisir l'utilité de cette œuvre. « Cette idée était trop nouvelle, trop en dehors des banalités de la littérature courante. Personne ne l'a comprise, personne ne l'a soutenue (p. 139). »

Partout il rencontra indifférence, dédain, mépris, opposition systématique, sourde ou manifeste, hostilité sournoise ou violente. Il en fut pour ses frais et sa peine.

> Que vouliez-vous qu'il fît contre *tous* ?...
>   — Qu'il mourût,
> Ou qu'un beau désespoir, alors, le secourût !...

C'est ce qu'il fit, ou du moins, ce qu'il se propose de faire. Le théâtre scientifique a passé comme une ombre, s'est-il écrié. Personne ne connaît maintenant son existence. On s'est ligué

pour l'étrangler dans son berceau, et l'ensevelir
sous les moqueries...

   « Eh bien ! cher lecteur, cette entreprise qui a
échoué entre mes mains sur la Terre, je la repren-
drai plus tard, quand je serai mort !... Je suis
persuadé qu'il me sera facile de mettre à exécu-
tion, là-haut, le projet qui m'a tant occupé ici-
bas ! (p. 140). »

Ce long raisonnement de quinze pages, se réduit
donc, comme les précédents, à une simple affirmation gratuite, sans fondement aucun.

Autant vaudrait dire : L'affaire du Panama **a**
échoué ; malgré tant d'efforts, de fatigues, de vies
humaines sacrifiées, de millions et de milliards
dépensés en pure perte, on n'est pas arrivé à per-
cer cet isthme, qui, en somme, est une mince
langue de terre. Eh bien ! dans les espaces éthérés, on percera des isthmes beaucoup plus larges,
et l'on creusera des canaux autrement giganres-
ques !...

Il y a là de quoi vraiment consoler beaucoup
les malheureux actionnaires du Panama !...

Nous pourrions apporter d'autres exemples tirés
de l'auteur ; ceux-ci suffisent pour nous faire
apprécier, à sa juste valeur, sa manière de raison-
ner.

D'ailleurs, que de fois dans ses affirmations
nous ne disons pas dans ses preuves,) ne se con-

tredit-il pas d'une façon flagrante, et sans y prendre garde ?

Il prétend, par exemple, après sa mort, exécuter son projet de théâtre scientifique pour l'instruction des masses ; mais, alors, ces masses auront-elles besoin d'instruction ? Ne seront-elles pas douées, selon ses propres termes, de facultés intellectuelles les mettant au-dessus des humains, autant que ceux-ci sont au-dessus des animaux ?

Pour rendre vraisemblable son théâtre d'outre-tombe, il dit (p. 122) qu'il y aura dans les espaces éthérés, après la résurrection, des savants et des ignorants, « chacun de nous devant recommencer sa seconde existence, avec le patrimoine intellectuel qu'il s'était acquis sur ce globe, etc. »

Auparavant il avait assuré précisément le contraire, et il l'a oublié probablement. « En prenant possession de son nouveau et bienheureux domaine, disait-il, l'individu ne trouve plus en lui aucune des imperfections de son corps terrestre, aucun des vices de son âme primitive... Tout est changé maintenant. Si la mort l'a surpris jeune encore, la résurrection lui donne l'expérience que le temps apporte aux vieillards ; s'il est mort plein de jours, la résurrection lui rend la vigueur et l'énergie de la jeunesse. Il n'y a plus au ciel ni vieillard, ni jeune homme ; *l'un et l'autre possèdent l'intégralité dans la perfection*, ainsi qu'une égale puissance au physique et au moral (p. 76). »

Concilie, qui pourra, des assertions aussi opposées.

Mais ce n'est pas la seule des contradictions de

M. Figuier. Si nous voulions toutes les é numérer, nous n'en finirions pas de sitôt.

Plus loin, par exemple, il relate quelques conversations d'outre-tombe. C'est une réédition augmentée des *Dialogues des Morts*. Nous entendons parler les principaux savants ayant vécu sur notre globe.

Ils sont émerveillés des découvertes faites, en notre siècle, par leurs successeurs, et ils demandent, à ce sujet, des éclaircissements aux nouveaux-venus dans l'espace interplanétaire.

Ces surhumains que M. Figuier nous présentait (p. 67) comme *infiniment* au-dessus de l'homme sous le rapport intellectuel, sont maintenant stupéfaits des progrès de la Science humaine, et ils n'en croient ni leurs oreilles, ni leurs yeux (229-236).

Même contradiction au point de vue moral.

Dans les plaines éthérées, il n'y a « plus de haine, plus de jalousie, ni entre les individus, ni entre les peuples. Une affection générale réunit les groupes, comme les personnes, etc. (p. 75). »

Cependant l'auteur nous fait assister ensuite à des discussions aigres-douces, dégénérant en disputes assez vives. Les morts se querellent pour des questions d'intérêt personnel et d'amour-propre, absolument comme les vicieux habitants d'ici-bas (p. 210).

Arrêtons-nous : l'œuvre est jugée.

CONCLUSION

Le lecteur, nous le pensons, sera suffisamment
édifié. Il a pu s'en convaincre lui-même, le système philosophico-scientifique de M. Figuier sur les
mystères de la vie future est d'une fausseté manifeste. C'est une série d'affirmations sans aucun fondement et un tissu de contradictions.

Mais ces pages ont été imprimées plusieurs fois,
remarque M. Figuier, dans sa préface : l'accueil
empressé fait par tant de gens, n'indique-t-il pas
qu'elles sont l'expression de la vérité ?

N'en déplaise à l'auteur, dont nous ne voudrions
pas froisser les susceptibilités légitimes, beaucoup
ne seront pas de son avis sur ce point encore.

D'autres livres ont eu des éditions bien plus
nombreuses, par exemple, les Fables de La
Fontaine, ou les Contes de Perrault. Donc, sans
nul doute, les fées ont existé vraiment, et il fut

un temps où les bêtes parlaient. Cela est, pour le moins, tout aussi bien démontré que la présence des surhumains et des archihumains au milieu de l'éther.

Il est maintenant fort inutile, croyons-nous, de nous étendre longuement sur les autres systèmes. Nous le disions, en commençant, ils se ressemblent tous. Ce sont, avec quelques légères différences de détail, des dithyrambes sur le même thème : la métempsycose et les réincarnations.

D'après M. Reynaud (1), les âmes, dans leurs transmigrations, n'habitent pas l'espace interplanétaire, mais les planètes. Ainsi elles possèdent, du moins, une demeure bâtie sur un terrain solide.

Puis, elles n'ont pas pour objectif final le Soleil, mais elles passent d'astre en astre et de monde en monde, sans s'arrêter nulle part.

A l'origine de ce système est une absurdité flagrante : le nombre infini des Mondes.

L'infini est ce à quoi il est impossible de rien ajouter. Or, quel que soit le nombre de Mondes évoluant dans l'espace, ils sont assez éloignés les uns des autres, pour laisser dans ces immenses intervalles de la place suffisante pour une foule d'autres globes.

____

1. *Terre et Ciel.*

Leur nombre actuel peut donc augmenter ; par suite, il n'est pas infini. En outre, il ne le sera jamais, car à tout nombre, quelque considérable qu'il soit, il est permis de supposer toujours une unité de plus.

Comme beaucoup de ses collègues, docteurs en philosophie-astronomique, M. Reynaud confond l'infini avec l'indéfini, c'est-à-dire ce qui est incommensurable en soi avec ce qui pour nous seuls est incommensurable, à cause de la faiblesse des moyens dont nous disposons.

De ce principe erroné il conclut que les planètes étant disséminées dans l'espace, comme les îles d'un archipel dans l'Océan, mais en nombre infini, il y a un nombre infini d'étapes pour les âmes voyageuses. Celles-ci ont à parcourir incessamment une route sans commencement ni fin.

Les âmes, en effet, seraient éternelles : elles auraient existé longtemps avant cette vie terrestre, venant on ne sait d'où, et allant vers un but ignoré de tous. Elles poursuivraient une marche grandissante vers un idéal à jamais inaccessible.

Belle perspective vraiment ! voyager toujours et n'arriver jamais !

M. Flammarion croit, lui aussi, à un Univers infini. La vie à venir, appelée par lui *vie uranique*, consiste également en perpétuelles incarnations de l'âme condamnée à errer indéfiniment dans les espaces interplanétaires et interstellaires.

Il ne trouve donc rien de mieux, lui aussi, que la vieille métempsycose. On ne saurait trop s'étonner de voir avec quel aplomb est attribuée à la science contemporaine cette hypothèse surannée, qui n'est ni scientifique, ni moderne, mais âgée déjà de trois mille ans environ.

Malgré sa puissance, l'imagination de ces messieurs n'a pas une grande force d'invention : ses ressources sont très restreintes et ses produits fort limités.

Il est difficile d'accumuler dans un système plus de contradictions palpables, plus d'hypothèses absurdes, plus d'affirmations impérieuses, mais gratuites.

Le tout est présenté à de naïfs lecteurs comme un résumé scientifique des connaissances humaines, et comme une doctrine inconstestable basée sur les progrès les plus récents, et rendue certaine par un grand nombre de faits astronomiques, chimiques, physiques et physiologiques observés et catalogués !...

En réalité, tous ces faits, quand ils sont authentiques, n'ont aucun rapport avec ces chimères créées de toutes pièces, et n'existant que dans l'imagination de quelques écrivains plus romanciers que savants.

Les fondements de notre Foi sont autrement solides. La vérité en a été mille fois démontrée : elle a été admise par les plus grands génies de l'humanité à toutes les époques et dans toutes les contrées, de la Terre. Elle a résisté, depuis dix-huit siècles, à des attaques bien plus violentes, et ce ne sont pas les utopies antiscientifiques de notre époque qui réussiront à l'ébranler.

FIN

TABLE DES MATIÈRES

CHAPITRE I
LE GRAND PROBLÈME

CHAPITRE II
LES FILS ET LES FRÈRES DU SOLEIL

CHAPITRE III
LES ENTORSES A LA RAISON

Dijon. — Union Typographique, rue Saint-Philibert, 40.

demption de l'humanité par le Verbe, Fils unique
du Père éternel.

Il importait donc d'aborder de front cette objection de l'incrédulité moderne et de l'examiner au
double point de vue scientifique et religieux. Le
P. Ortolan, qui est théologien, mais qui parle également la langue de l'Observatoire, l'a fait sous
une forme attrayante, compréhensible pour tous,
quoique scrupuleusement scientifique.

Il établit avec une incontestable compétence le
recensement de tous ces mondes réels ou fantasti-
ques. Il sait son sujet ; il possède les formules et
cite les maîtres. A tous ces mérites, il ajoute celui
d'être un peintre éblouissant. Chez lui l'érudition
n'empêche pas la couleur. Il rend des points à
Flammarion pour les jets d'imagination, pour le
pittoresque des tableaux, pour la puissance des
effets.

Les lecteurs de ces études sur la **Pluralité des
Mondes** verront que les progrès de l'Astronomie,
loin de saper dans la base la Religion révélée,
sont pour les fidèles une force et une clarté vivi-
fiantes, car ils ouvrent devant nous des aperçus
nouveaux et des échappées de lumière se prolon-
geant jusque dans l'infini.

Apologie du Christianisme, par Franz Hettinger,
docteur en philosophie et en théologie, professeur de théologie à l'Université de Wurtzbourg.
— Traduction de l'allemand par M. Julien La-
lobe de Felcourt, licencié en droit, et M. J.-B.
Jeannin, préfet des études au collège de l'Imma-
culée-Conception de Saint-Dizier.—3ᵉ *édition revue et considérablement augmentée, d'après la
nouvelle édition allemande.* — 5 beaux volumes
in-8 carré, sur papier vergé.—Prix *franco* 25 fr.